The Basement Trains

by Roman Payne

1st International Edition - 2006

Published by ModeRoom Press (USA)

©2005, 2006, Roman Payne / ModeRoom Press

ISBN 978-0-6151-3576-2

Photography plates by Roman Payne

Please visit: www.romanpayne.com & www.moderoom.com

I wish to express my profound sympathies to Aurélien Galateau for his exhaustive labor on the French translation of this poem, as well as my appreciation for him and for those others – people and places both near and far – who made their way into this text or otherwise influenced its creation.

- Roman Payne, Paris 2006

ABOUT THE TEXT:

The title, "The Basement Trains" I came up with in 1999 while riding the A-Train at dawn towards Hell's Kitchen (during the time I was living in Manhattan). The poem itself was written in 2005 in my apartment in the 7th arrondissement of Paris. I finalized the piece on the 30th of January, 2006 in the same apartment, in the same city, on the eve of my twenty-ninth birthday. The sun shone bright and the weather: unseasonably warm.

NOTES DE L'AUTEUR:

Le titre "Les trains souterrains" m'est venu alors que je prenais le *A-Train* à l'aube en direction de *Hell's Kitchen* (à l'époque où je vivais à Manhattan). Le poème a été écrit en 2005 dans mon appartement du 7ème arrondissement à Paris. Je l'ai achevé le 30 Janvier 2006 dans ce même appartement, dans cette même ville, la veille de mes vingt-neuf ans. Le soleil brillait et le temps: inhabituellement chaud.

1st International Bilingual Edition

English / Français

The Basement Trains

Original English Version by Roman Payne

Les trains souterrains

French Version – Translated by Aurélien Galateau

The Basement Trains

A 21st Century Poem

One night in the midst of life, fresh-eyed from a deep sleep and bearing the artifacts of a profound and romantic dream, I left the house and bed where I was sleeping, and walked to a nearby empty square aside an ancient garden where a stone fountain[1] reflected the light and shape of the moon on the surface of its water. I recalled that it was here I gave setting to the death of the lovers; [2] and, breathing their memory, I took to their path and entered their ancient garden in the midnight city; and it was there upon their sodden, ivy-laced and grassy knoll that I passed that night thinking over all I had known and had seen…

[1] Square of Saint Sulpice in Paris.

[2] The lovers: David and Nastya (*Crepuscule*).

Les trains souterrains

Un poème du 21ème siècle

Une nuit au milieu de la vie, revigoré par un lointain sommeil et portant encore les artéfacts d'un rêve profond et romantique, je quittai la chambre et le lit où j'avais dormi, et marchai jusqu'à une place voisine, déserte, à côté d'un jardin ancien où une fontaine[1] en pierre reflétait à la surface de l'eau la lumière et les lignes de la lune. Il me revint qu'ici j'avais situé la mort des amants;[2] et respirant ce souvenir, je suivis leur chemin et entrai dans le jardin ancien au cœur de la ville endormie; et c'est là, sur leur tertre détrempé, entouré de lierre et jonché d'herbe, que je passai la nuit, pensant à tout ce que j'avais connu et vu…

[1] La Place Saint-Sulpice à Paris.

[2] Les amants: David et Nastya (*Crépuscule*).

Vernal ponderings; summery dreams; autumnal winters and those in-between. I came forth from the opium dens and the madmen of foreign city streets.[1] I came forth from the gamey nights of passion and flesh with the noblemen's brides and girls in their beds of silk in high palace rooms. I came forth from a thousand midnight dreams under starlit skies in the clearings of forests, groves of citrus and olive trees, and woke to a thousand mornings beneath a rain that fell or a sun that rose to burn off the mist and the clouds. I came forth from the trenches of soldiers, from the frontier lines; from the ruins of conquered cities where the bombs had fallen and the temples burned, while the prisoners chained in the basements were led to the gallows that swayed in the squares, and the feasts of victory were underway...

I came forth from a thousand solitary seasons, from a thousand solitary wanderings: through ashes and alleys, past brothels in ghettos and tenement halls; past breadline queues and factory walls; down narrow cobbled passageways where rogues in shadows lay in wait; and across the steel of bridges, and through the concrete subterrains; away from the diseases of the wretched, away from the kisses of the lovers; and far from the slaves and the gamins in the cellars and the garrets. I came forth and passed into the open and endless windswept road a thousand times or more...

---

[1] Reference to first sentence in *Cities & Countries.*

Pensées printanières, rêves d'été; hivers automnaux et leurs entre-deux. Je suis revenu des fumeries et des fous qui peuplent les rues des villes étrangères.[1] Je suis revenu des nuits crues de passion et de chair avec les jeunes épouses des nobles, avec leurs filles, dans les chambres des grands palaces et leurs lits de soie. Je suis revenu de mille rêves, sous le ciel de minuit percé d'étoiles, dans les clairières des forêts, les champs de citronniers et les oliveraies, et je me suis réveillé un millier de matins, sous la pluie battante ou le soleil qui se levait, pour brûler les nuages et la brume. Je suis revenu des tranchées de soldats, des lignes frontières; des ruines de cités conquises où les bombes avaient plu et les temples brûlé, alors que les prisonniers enchaînés dans les sous-sols étaient conduits aux gibets qui oscillaient sur les places, et qu'on se préparait à célébrer la victoire...

Je suis revenu de mille saisons, de mille errances solitaires; à travers les ruelles et la cendre, par les bordels des ghettos et les couloirs d'immeubles; longeant les files de gens affamés et les murs d'usines; au fond de rues étroites et pavées où des voyous guettaient dans les ténèbres; et à travers l'acier des ponts, les souterrains en béton; loin des maux des miséreux, loin des baisers des amants; et loin des esclaves et des gamins dans les caves et les combles. J'en suis revenu et j'ai repris la route balayée par le vent, ouverte et infinie, mille fois ou plus...

---

[1] Référence à la première phrase de *Cities & Countries*.

PLATE 1. A stone fountain reflected the light and shape of the moon…

(See page 6)

PLATE 2. The death of the lovers… (Medicis Fountain, *Jardin du Luxembourg*)

(See pages 6 & 30)

I came forth from the wilderness, and from the acropolis; from hilltop cities overlooking jeweled waters, coastlines of brine, and occidental harbors – where workers toiled and cathedral bells tolled in the markets filled with vermin; while merchants looked for fortune and beggars looked for food, and goatherds drove their carts passed the guards at city walls...

I came forth from the Arcadian gardens and springs, and the sunlit flowered lawns, where children discover youth, where youth discovers love, and boy finds girl, soft woman lost in summer dreams...

I came forth from these and other things. I traveled long and far as only strangers do. And then, in the midst of this, our feral season, I found myself a final train and rode it north, to a city born of coal and stone, near the coast of Leviathan's sea,[1] to call on the fair Penelope.[2]

She was alone when I found her in her silent chair, resting her heel upon the frozen windowsill. The hem of her slip, the strap of her bra, showed yellow against the white of her shoulders and thighs.

[1] Leviathan: (Psalms 104:26) A sea dragon, symbol of chaos in ancient texts (also known as Rahab [Job 26:12]).

[2] Penelope (double entendre).

Je suis revenu d'âpres lieux, et de l'acropole; de cités perchées plongeant sur les eaux scintillantes, les littoraux et les ports occidentaux - où les ouvriers s'éreintaient, et les cloches des cathédrales tintaient sur les marchés grouillants de vermine; alors que les marchands guettaient la fortune, les mendiants leur pitance, et les chevriers convoyaient leurs attelages devant les gardes aux murs de la ville...

Je suis revenu des jardins et des sources d'Arcadie, et des pelouses fleuries, ensoleillées, où les enfants découvrent la jeunesse, où la jeunesse découvre l'amour, et chaque garçon trouve une fille, une femme douce perdue dans ses rêves d'été...

Je suis revenu de ceci et du reste. J'ai voyagé longtemps et loin comme seuls voyagent les étrangers. Et là, au milieu de celle-ci, notre saison sauvage, j'ai trouvé un dernier train qui m'a emporté vers le nord, vers une ville née du charbon et de la pierre, sur la côte bordant la mer du Léviathan,[1] pour rendre visite à la belle Pénélope.[2]

Elle était seule quand je la surpris sur sa chaise silencieuse, son talon reposant sur le bord gelé de la fenêtre. L'ourlet de son slip, la bretelle de son soutien-gorge se détachaient, jaunâtres sur la blancheur de ses cuisses et de ses épaules.

---

[1] Léviathan (Psaumes 104:26): dragon des mers, symbole du chaos dans les textes anciens (aussi connu sous le nom de Rahab [Job 26:12]).

[2] Pénélope (double sens).

Her lace was torn. She fixed her little slipper and sewed buttons on one of her robes. We drank coffee and stared out the window.

"Has anyone come to see you?"

"Old Jacob,[1] as usual. He took me up on the rooftops. We talked and tossed pebbles off."

I knew this place she spoke about: a windy little ledge where the Devil sits and combs his lice,[2] where his footmen drink and throw their dice.

"He told me stories of the Pentecost. Fed me handsome fruit and a handful of dust,[3] whispering here and there, here and there. He says some foul things, that Jacob!"

"Foul," I agreed. "Well do you remember when *we* used to go up on those rooftops? When it was you and me staring down at the steady stream of traffic, at the swarms of people, crowded bodegas, Puerto Rican rice counters, and midnight drinking rooms? Do you remember the daylight? Do you remember those rosy-breasted dancers? The German from the ghetto…the barefoot Jewess from Chelsea…

---

[1] Jacob Marley (of Charles Dickens).

[2] "Where the Devil combs his lice" from "The Everlasting Gospel" by William Blake.

[3] Allusion to "The Burial of the Dead" (TS Eliot).

Sa dentelle était déchirée. Elle rapiéçait son petit chausson et cousait des boutons sur l'une de ses robes. Nous bûmes du café et regardâmes par la fenêtre.

« Personne n'est venu te voir?

- Le vieux Jacob,[1] comme toujours. Il m'a emmenée sur les toits. Nous avons discuté et jeté des cailloux. »

Je connaissais cet endroit: une petite corniche venteuse où le diable s'assoit et se cherche les poux,[2] où ses sbires jouent aux dés en buvant un coup.

« Il m'a raconté des histoires de la Pentecôte. M'a nourrie d'un beau fruit et d'une poignée de poussière,[3] murmurant ici et là, ici et là. Il dit des choses vulgaires, ce Jacob!

- Vulgaires, acquiescai-je. Mais te rappelles-tu quand *nous* allions sur les toits? Quand c'était toi et moi qui regardions en contrebas le trafic incessant, les essaims de personnes, les bodegas bondées, les comptoirs de riz portoricains, les débits de boissons nocturnes? Te rappelles-tu la lumière du jour? Te rappelles-tu ces danseuses avec leur poitrine rose? L'Allemand du ghetto... La juive aux pieds nus de Chelsea...

---

[1] Jacob Marley (personnage de Charles Dickens).

[2] "Où le diable s'assoit et se cherche les poux" d'après "L'évangile éternel" de William Blake.

[3] Allusion à "L'enterrement des morts" (TS Eliot).

And that woman of three and fifty years, more beautiful than a girl of twenty. Do you remember? We sang to the strum of a harp and a broken mandolin.

"Your mother sat on the bathroom sill, bathing her head in the South American leaves; bathing and bathing until her heart suffered the bites of worms...

"And do you remember the year on Rue St. Louis, and the week with Lies in Prague? And do you remember...?" I asked, this and that, and therefore... "running across the bridge on the Adriatic at dawn, and the coming down brought me fear, for the man who watches women bathe grows horns;[1] and the man who lies beside immortal goddesses is never left unharmed.[2] Then came death on the Danube. You thought it was a plague and wouldn't eat. You agreed to go south with me. I looked for you in the night in your room, but found only your linen drapes and a single strip of your perfumed lace. Back when it was whole, and belonged to no one but us. Back when it was whole. And so off I went, off to live alone in the desert.

[1] "The man who watches women bathe..." Myth of Diana from Ovid's *Metamorphosis*.

[2] Anchises says to Aphrodite after being tricked into sleeping with her: "I beseech you not to let me live impotent among men, but have mercy on me; for the man who lies with immortal goddesses is not left unharmed." (Homer).

Et cette femme de cinquante et trois ans, plus belle qu'une fille de vingt. Te rappelles-tu? Nous chantions au rythme d'une harpe et d'une piètre mandoline.

Ta mère, assise au seuil de la salle de bains, plongeait sa tête dans les feuilles sud-américaines, plongeait, plongeait jusqu'à ce que son coeur subisse les morsures des vers...

Et te rappelles-tu notre année rue Saint-Louis, et la semaine avec Lies à Prague? Et te rappelles-tu...? demandai-je, ceci et cela, et aussi... quand nous traversions en courant le pont sur l'Adriatique à l'aurore, et la chute prochaine me faisait peur, car il pousse des cornes à l'homme qui regarde les femmes se baigner;[1] et celui qui s'allonge parmi les déesses immortelles en sort toujours meurtri.[2] Puis est venue la mort sur le Danube. Tu croyais que c'était la peste et refusais de manger. Tu as accepté de me suivre vers le sud. Je t'ai cherchée dans la nuit de ta chambre, mais je n'ai trouvé que tes rideaux de lin, et un seul morceau de ta dentelle parfumée. Elle était encore intacte et n'appartenait à personne d'autre que nous. Encore intacte. Ainsi je suis parti, parti pour vivre seul dans le désert.

---

[1] "L'homme qui regarde les femmes se baigner...": le mythe de Diane dans les *Métamorphoses* d'Ovide.

[2] Ce que dit Anchise à Aphrodite quand il prend conscience d'avoir couché avec une déesse: "je t'en prie, ne me laisse pas vivre impuissant au milieu des autres hommes, aie plutôt pitié de moi; car celui qui s'allonge parmi les déesses immortelles en sort toujours meurtri." (Homère).

There, I had a pomegranate tree beneath my window. Do you remember the pictures I drew of that tree in the desert? Oh, do you remember? Do you remember?"

But Penelope answered me not. Silence grew like ruffled feathers. We were distanced by so many things, life and time included; and so she simply ran her naked heel back and forth on the windowsill.

"And Barcelona? What came of that?"

"Spain has forgotten me."

"Pity."

"And you?" she asked. "Who have you seen?"

"The same old people," I told her. "Jean-François de la France[1] came with his cloud of smoke – *Papier d'Arménie*. We sat together in the garden, upon the beasts of Rodin. Mr. May[2] told us things, Aurélien[3] sang us songs...."

"And what about Dmitry?"[4] she asked, running her hand across her hair. "Did he come?" Her eyes lit up. She bit her lower lip like she always did, "He always was a good friend of ours."

---

[1] Jean-François Caro, French Poet. b.1981.

[2] Niels May, German Scholar. b. 1981.

[3] Aurélien Galateau, French Mathematician. b.1982.

[4] "False Dmitry III" of Russia.

Là-bas, j'avais un grenadier devant ma fenêtre. Te rappelles-tu les dessins que j'ai faits de cet arbre dans le désert? Oh, te rappelles-tu? Te rappelles-tu? »

Mais Pénélope ne me répondit pas. Le silence grandissait comme des plumes froissées. Tant de choses nous éloignaient, la vie et le temps aussi; et elle faisait tout simplement glisser son talon dénudé sur le rebord de la fenêtre.

« Et Barcelone? Qu'en est-il sorti?

- L'Espagne m'a oubliée.

- Dommage.

- Et toi? Qui as-tu vu?

- Les mêmes personnes, lui dis-je. Jean-François de la France[1] est venu avec son nuage de fumée - *Papier d'Arménie*. Nous nous sommes assis ensemble dans le jardin, sur les bêtes de Rodin. Mr. May[2] nous parlait et Aurélien[3] chantait...

- Et Dimitri? »[4] demanda-t-elle, en passant la main dans ses cheveux. « Est-il venu? » Ses yeux s'éclairaient. Elle mordit sa lèvre inférieure comme à son habitude. « Il a toujours été un de nos meilleurs amis.

---

[1] Jean-François Caro, poète français, né en 1981.

[2] Niels May, érudit allemand, né en 1982.

[3] Aurélien Galateau, mathématicien français, né en 1982.

[4] "Troisième faux Dimitri" de Russie.

"Yes, Dmitry too. He's finished his business in Moscow, you know. Much success.

"We met together in Ghent. Sunny day it was." And the light faded. "Traveled south together. A glorious affair." And nighttime fell with her sorrowful slip of a clumsy heel. "We came to Paris arm in arm, drinking and laughing; drinking and singing, '*Uru achim, uru achim, belev sameac*' [1]... '*Stabat mater dolorosa*' [2]... '*Dolor mater Stabarosa...*'"

When we arrived at the *Petite Ceinture*, at the gates of the city, Dmitry stopped and tugged his beard, "Paris! Listen here. Am I one to touch your rubbled walls?" He tugged and tugged, and danced around, "Your fruit of discord, [3] your mistress and lord; strychnine seeds dancing on the heaving breast of Helen, tart milky juices dripping from amber thighs. You, Paris, with your cathedrals and ponds, where the swans form trysts with aristocratic worms... while me, but a washerman in exile!

[1] *Uru achim, uru achim, belev sameac*: (Yiddish) "Arise, arise with a joyful heart." From "Hava Nagila", a song sung every night in the caves on Rue des Canettes.

[2] *Stabat mater dolorosa*: (Latin) "The sorrowful mother was standing." 13th Century Roman Catholic hymn.

[3] Myth of Paris - from Ovid's *Heroides*.

- Oui, Dimitri aussi. Il a fini ses affaires à Moscou, tu sais. Un grand succès.

Nous nous sommes retrouvés à Gand. Il y avait du soleil ce jour-là. » Et la lumière faiblissait. « Nous avons voyagé ensemble vers le sud. Une superbe histoire.» Et tristement avec la nuit son talon maladroit tomba.

« Nous sommes arrivés à Paris, bras dessus, bras dessous, buvant et riant, buvant et chantant, *'Uru achim, uru achim, belev sameac'* [1]...*'Stabat mater dolorosa'* [2]... *Dolor mater Stabarosa...'* »

Quand nous sommes arrivés à la *Petite ceinture*, aux portes de la ville, Dimitri s'est arrêté et, tirant sur sa barbe, « Paris! Ecoute un peu. Suis-je homme à toucher tes murs lépreux? » Et tirant, tirant toujours, et dansant tout autour: «Ta pomme de discorde,[3] maîtresse souveraine; des graines de strychnine dansent sur la poitrine haletante d'Hélène, sucs laiteux et amers suintant de cuisses ambrées. Toi, Paris, avec tes cathédrales et tes bassins, où les cygnes s'accouplent en secret avec la vermine aristocratique... mais moi, je ne suis qu'un nettoyeur en exil!

---

[1] *'Uru achim, uru achim, belev sameac'* (Yiddish): "Lève-toi, lève-toi, le coeur joyeux". Paroles de "Hava naguila", une chanson qu'on entend tous les soirs dans les caveaux de la Rue des Canettes.

[2] *'Stabat mater dolorosa'* (Latin): "La mère des douleurs se tenait debout". Hymne catholique romain composé au treizième siècle.

[3] Le mythe de Pâris dans les *Héroïdes* d'Ovide.

"The cleaner of Latin latrine buckets, though friend of Prince Yusupov,[1] I am. Clever Yusupov was once my hired driver; after he quit the Tsar. We rode on every street together. So, Paris, let me enter!"

And so Paris let us enter.

"Walk with me, Dmitry. We can take the line four if you want.

Come. I've been in the army for five years, I want to have a good time.[2] This, fifth year of our era, our holy wholly unfamiliar century...."
"Fourth," he informed me. But I hadn't been listening...

"One hundred and fifty years ago, my soul said 'Come', One hundred and fifty years ago, myself I sung.[3] Fifty years ago, they tore up the grass to build the great L-Train.[4] You feel the steam coming up from the vents? It's getting very dark!"

"Dmitry," the lamp cackled, "sing to me while I work. Sing me the *Internationale*. Sing me, sing me, while I write my poem, I'm in my right mind. ...Later, I'll sing myself to sleep in my clean linen,

---

[1] Prince Felix Yusupov (1886-1967) assassin of Rasputin and once richest man in Tsarist Russia. After the 1917 Revolution, he went into exile in France and worked as a taxi driver in Paris.

[2] Allusion to "The Waste Land" (TS Eliot).

[3] Allusion to *Leaves of Grass* by Walt Whitman, written in 1855.

[4] Allusion to "Howl" by Allen Ginsberg, written in 1955.

Le laveur de seaux des latrines latines, moi, l'ami du Prince Youssoupov.[1]

Youssoupov, ce rusé, fut un jour mon chauffeur attitré; après avoir quitté le Tsar. Dans toutes les rues il était mon escorte. Alors Paris, ouvre-moi tes portes! »

Et Paris nous a ouvert ses portes.

« Marche avec moi, Dimitri. Nous prendrons la ligne quatre si tu veux. Viens. J'ai passé cinq ans dans l'armée, je veux prendre du bon temps.[2] Cette cinquième année de notre ère, notre siècle sacré, tellement singulier... » « Quatrième », m'a-t-il repris. Mais je ne l'écoutais pas...

« Il y a cent cinquante ans, mon âme disait: 'Viens', il y a cent cinquante ans, à moi-même je chantais.[3] Il y a cinquante ans, ils ont fendu l'herbe pour construire le grand *L-Train*.[4] Tu sens cette fumée qui s'élève des cheminées? Le ciel devient très sombre ! »

« Dimitri, caquetait la lampe, chante tant que je travaille. Chante-moi *l'Internationale*. Chante, chante, tant que j'écris mon poème, je me sens inspirée. ...Plus tard, je me bercerai pour dormir dans mes draps propres,

---

[1] Le prince Felix Youssoupov (1886-1967), assassin de Raspoutine, qui fut un jour l'homme le plus riche de la Russie tsariste. Après la Révolution de 1917, il s'exila en France et travailla comme chauffeur de taxi à Paris.

[2] Allusion au "Waste Land" (TS Eliot).

[3] Allusion à *Feuilles d'herbe* de Walt Whitman, écrit en 1855.

[4] Allusion à "Howl" d'Allen Ginsberg, écrit en 1955.

dropping ashes on my bedclothes, like those days at Fossés St. Bernard."[1]
The lamp sizzled, as it was silent; and I was alone, "Aye, hi," I spoke to
my *chambre de bonne*. "You house of muscular dogs. Black bitches
running about.[2] I am naked for all to see...."

"Plait-il?" elle m'a dit.[3]

Thus, I answered crudely, "Oh, cherished writing room, I beg you to
forgive the spiders that hide in the cracks of your walls. Make bread-lines
for the pigeons who mate on your stoops. Make soup-kitchen gossip for
women and worms."

Rain in Paris.

Old fog filling the Rue des Canettes where girls walk like birds in high-
heels for the third time on the arms of foreign officers. Drunk young
travellers. Grey-beards, singing:

"Ô, take this eager dance you fool, don't brandish your stick at me.

I have several reasons to travel on, on to the endless sea:

I have lost my love. I've drunk my purse.

[1] Writing room at 32 rue Fossés St. Bernard in Paris.

[2] Reference to the "black bitches as fast as greyhounds" in Dante's "Inferno" (Canto
XIII).

[3] "'I beg your pardon?' it asked".

en jetant des cendres sur mes vêtements de nuit, comme ces jours aux Fossés Saint-Bernard. »[1]

La lampe grésillait, dans le silence; et j'étais seul, « Eh toi, parlant à ma chambre de bonne, repaire de chiens trapus. Des chiennes brunes courant à la ronde.[2] Je suis nu à tous leurs regards... »

'Plaît-il?' elle m'a dit.[3]

Et brusquement j'ai répondu: « Ô, chambre chérie où j'écris, je t'en prie, pardonne aux araignées qui se cachent dans les fentes de tes murs. Nourris à la file les pigeons qui s'accouplent à la lucarne. Sers des rumeurs de soupe populaire aux femmes et aux vers. »

Paris sous la pluie.

Une brume usée remplit la Rue des Canettes où les filles perchées sur de hauts talons marchent comme des oiseaux pour la troisième fois au bras d'officiers étrangers. De jeunes voyageurs avinés. D'autres, la barbe grise, chantent:

« Idiot, prends cette danse ardente, au lieu de tendre ton bâton.

J'en ai des raisons de voyager encore sur la mer infinie:

J'ai perdu l'amour et j'ai bu ma bourse.

---

[1] Chambre d'écriture, au 32 rue des Fossés St. Bernard à Paris.

[2] Référence aux "chiennes courantes, noires et faméliques, comme lévriers..." dans "l'Enfer" de Dante (Chant XIII).

[3] En Français dans le texte original.

My girl has gone, and left me rags to sleep upon.

These old man's gloves conceal the hands with which I've killed but one!"

And the young men sing:

"It matters not, what filth and rot, gather on the palace stoop;

for we're inside, where we serve the bride her matrimonial soup."

"Ô, glory to the oldest. Glory to the sad. He is weak while we are strong.

Alas! But a lad, I'll cradle you in my arms, to carry you through the

winter night. Stop shaking such!"

"Oh, I'm trying. God bless you! I shiver thus. I am naked and frozen

through and through. I hate this blanket of snow – this thin forgetful

snow!"[1]

"Wait! Who told thee that thou wast naked?"[2] And off we trudged to

Saint Sulpice, where the fountain gurgled: *jug, jug, jug.*[3]

At the Café de la Mairie,[4] they wore buttonholes and drank rose wine and

Anisette. The paupers at the fountain sang in their delirium, laced with

honeyed opium:

---

[1] Blanket of forgetful snow - from TS Eliot's "The Waste Land".

[2] "Who told thee that thou wast naked?" God's question to Adam in the Book of Genesis (3:11).

[3] "Jug, jug, jug" The sound the nightingale makes in "The Waste Land".

[4] The only café and terrace at the Place Saint Sulpice at the turn of the 21st century.

Ma belle m'a quitté, j'ai ses haillons pour m'abriter.

Mes gants de vieillard cachent les mains d'un fameux assassin! »

Et les jeunes chantent:

« Peu nous importe la crasse aux portes du palais

Car tu nous y as conviés, et ta soupe de mariée, nous t'aiderons à l'avaler!

- Ô, gloire à l'ancien. Gloire au triste. Il est frêle mais nous sommes forts. Hélas! Tu n'es qu'un gosse, je te bercerai dans mes bras, pour te porter à travers la nuit d'hiver. Ne grelotte pas comme ça!

- Mais j'essaie. Dieu te bénisse! Je tremble de partout. Je suis nu et transi des pieds au cou. Je hais cette couche de neige - cette neige légère, oublieuse![1]

- Attends! Qui t'a dit que tu étais nu? »[2] Et je l'ai traîné jusqu'à Saint-Sulpice, où la fontaine gargouillait: *jug, jug, jug.*[3]

Au Café de la Mairie,[4] ils portaient la boutonnière et buvaient du vin de rose et de l'Anisette. Les miséreux à la fontaine, gorgés de miel et d'opium, chantaient dans leur delirium:

---

[1] Couche de neige oublieuse -référence à "The Waste Land" (TS Eliot).

[2] "Qui t'a dit que tu étais nu?" Question que pose Dieu à Adam dans la Genèse (3:11).

[3] "Jug, jug, jug" Le cri du rossignol dans "The Waste Land".

[4] Le seul café avec terrasse sur la Place Saint-Sulpice au tournant du 21ème siècle.

"Lord and lover," they beckoned to us, "what audacious thoughts tremble us bleak and dutiful, while we parade and sing our songs before the meek and beautiful? Allow us a bitter wage to keep and give those wanton tears to tremble. Those waves on silver shore, the pearls the robeless seraphim wore."

"Their robes are with Penelope," I almost said, "The whole lot of them. She is involved in the threads of romance." I should have been forgiven. I had drunk more than my share of wine.

I was up all night travelling from Moscow. And that ill and naked lad was weighing in my arms.

It was then Penelope stirred me from my thoughts. "Tell me again that story of when you traded your conscience for a handful of tobacco, that evening long ago in a café in Istanbul."

Oh, yes. How I was fated then to spend my years wandering around Europe, asking for it back, door to door, house to house.

After the Pyrenees, I had the strength of a hundred men, but back in Paris, I was caught by a strange wind or fever. I set up camp in the *Jardin du Luxembourg*. Between the Medicis fountain and the sleeping guards – still just a youngish man, no more than a boy... my thoughts drifted on as such, as such, while the snow outside the window drifted down, drifted down, laying forgetful blankets on the rooftops, to tuck the people in.

« Maître et amant, en s'adressant à nous, quelles pensées audacieuses nous secouent, sombres et serviles, alors que nous chantons et défilons pour eux, les élégants et les dociles? Laissez-nous un maigre cachet et nous donnerons à ces débauchés des larmes frémissantes, ces lames sur la côte argentée, les perles que les séraphins sans robe portaient.

- Leurs robes sont avec Pénélope, ai-je failli dire, elles le sont toutes. Elle se mêle aux fils du sentiment. » Il fallait me pardonner. J'avais bu plus que mon saoûl.

J'étais resté debout toute la nuit, à peine rentré de Moscou. Et ce gosse malade et nu reposait dans mes bras.

C'est alors que Pénélope me tira de mes pensées. « Raconte-moi encore cette histoire, quand tu as vendu ton âme pour une poignée de tabac, ce soir-là, il y a longtemps, dans un café d'Istanbul. »

Oh, oui. Et j'ai été condamné à errer à travers l'Europe, des années durant, allant la réclamer de porte en porte, de toit en toit.

Après les Pyrénées, j'avais la force d'une centaine d'hommes, mais rentré à Paris, je fus pris par un étrange accès de fièvre. J'établis mes quartiers au *Jardin du Luxembourg*. Entre la fontaine Médicis et les gardes endormis - j'étais encore un très jeune homme, rien qu'un gosse... mes pensées dérivaient d'elles-mêmes, d'elles-mêmes, alors que la neige par la fenêtre se déposait, se déposait en manteaux d'oubli sur les toits, pour envelopper les gens.

"Stay here!" suddenly came from Penelope. "Oh, do stay here! We can live together. I am tired of these sallow robes. I want to wear white while I am still young."

"But, I have not yet thirty years… And I am a soldier no longer. I am long from you, Penelope… A traveller, tossed between the continents…

"Do you remember when this window looked out into a forest?

We thought then we could share the greatness of that sylvan scene;[1] our sinewy arms wrapped and tied with the feathers of a nightingale's wings…

"But now we've the rooftops and tin, a city made and remade from scaffolds of chicken bones, never nightingale wings. And a chicken is not a nightingale is not a chicken,[2] and so all crumbles around us, and the marrow smells foul…

"Though, one day we'll have our serenity: fruits at once of golden hue."[3]

[1] "Sylvan scene" *Paradise Lost* and "The Waste Land".

[2] "Chicken is not a nightingale": utterance contre William Carlos Williams.

[3] "Fruits at once of golden hue": an allusion to Satan's description of The Garden of Eden in Milton's *Paradise Lost*.

« Reste ici! émit soudain Pénélope, oh, reste, reste ici! Nous pouvons vivre ensemble. J'en ai assez de ces robes jaunies. Je veux porter du blanc tant que je suis jeune.

- Mais je n'ai pas encore trente ans... Et je ne suis plus un soldat. Je suis loin de toi, Pénélope... Un voyageur, ballotté entre les continents...

Te rappelles-tu quand cette fenêtre s'ouvrait sur une forêt?

Nous croyions alors pouvoir partager la splendeur de cette scène sylvestre;[1] nos bras musclés attachés et enroulés avec les plumes, les ailes d'un rossignol...

Mais maintenant nous avons les toits et la tôle, une ville construite et reconstruite sur des charpentes en os de poulets, jamais les ailes d'un rossignol. Et un poulet n'est pas un rossignol n'est pas un poulet,[2] et ainsi tout s'écroule autour de nous, et la moelle empeste...

Pourtant, nous aurons un jour notre sérénité: des fruits tout ensemble dorés. »[3]

---

[1] "Scène sylvestre", référence au *Paradis perdu* et au "Waste Land".

[2] "Un poulet n'est pas un rossignol": déclaration contre William Carlos Williams.

[3] "Des fruits tout ensemble dorés": allusion à la description par Satan du Jardin d'Eden dans le *Paradis perdu* de Milton.

But now my thoughts are scattered. I do not remember my wars. I walk unconsciously through your winding, narrow coal-stained streets. I am speaking to you again, Great City, beyond the frozen windowpane; and for you others I am gone. My way diverged long ago in the woods of bricks, in the sticks of stone and chimney tops, and now I am gone and alone and can never, will never, want never to, return...

Ô city, my city! Master of my world. Flask for my wine. Muse for my friends. Ô, subtle thief of youth and time.[1] You, rocking cradle in summery soil, for my tender sleeping girls to seal – my women lost in vernal dreams. Come forth and walk with me. Come forth from your steel and stone; copper, iron, coal and bone.

Come forth from your beggars' broken hands, your lovers' broken lips. Come and walk through your years gone past, as each year ushers in the last; all will repeat itself now, listen! Not once but many times...[2]

[1] Time is the "subtle thief of youth" (John Milton).

[2] "Not once but many times" Yeats' play *Purgatory*.

Mais pour l'instant mes pensées sont éparses. J'ai oublié mes guerres. Je marche inconscient à travers tes rues étroites et sinueuses, maculées de charbon. Je te parle encore, Grande Ville, à travers la vitre gelée; et pour vous autres je n'y suis plus. Mon chemin a dévié depuis longtemps vers les forêts de briques, les pierres amoncelées et les toits des cheminées, et maintenant je suis loin et seul et ne pourrai jamais, ne voudrai jamais, n'accepterai jamais de rentrer...

Ma ville, ma chère ville! Maîtresse de mes terres. Flasque pour mon vin. Muse pour mes amis. Toi qui voles furtivement notre jeunesse et notre temps.[1] Berceau sur un sol d'été, où j'enferme mes tendres filles endormies - mes femmes perdues dans leurs rêves printaniers. Reviens marcher avec moi. Reviens de l'acier et de la pierre; ossements, cuivre, charbon et fer.

Reviens des mains brisées de tes mendiants, des lèvres brisées de tes amants. Viens marcher parmi tes années enfuies, comme chacune naît dans celle qu'elle suit; tout désormais se reproduira, écoute! Pas une mais de nombreuses fois...[2]

[1] Le temps est le "voleur subtil de la jeunesse" (John Milton).

[2] "Pas une mais de nombreuses fois", dans la pièce *Purgatoire* de Yeats.

Grow, you. Let your tunnels grow and stretch in the hot soil, like the gluttonous roots of a tree. Lay your tracks over the broken backs of your leather-handed men. Had you known. Death hath undone so many.[1] Let it persist. Fetter the sorrowful. Whip the enraged. Play Osiris on your gentle stage. Yours is the drama, for which they gape. Yours, the satyrical dance. Rise up and undress your muse. Run through the crowd and strangle your spectators, fondle your frightened, rape your lovers. Awe! Go forth and persist, persist, persist, persist, for your glory has just begun. All wars will be fought and won, Go and come and keep living in your dreams. Deny the seriousness of all constraints. Mock these fetters that bind you, for it was just another lazy craftsman who made these fetters. They will dissolve faster than your flesh; and you, Ô happy friend, will have many more moments of bliss and ecstasy before your body finally dissolves in the dirt – if you only come forth as an actor in this grand comedy who laughs at every tragic end.

[1] "Death hath undone so many" - Dante's "Inferno" (Canto III).

Etends-toi. Laisse tes tunnels s'étendre, s'allonger dans le sol chaud, comme d'un arbre les racines insatiables. Pose tes voies sur l'échine fourbue de tes travailleurs gantés de cuir. Si tu avais su. La mort en avait défait tant.[1] Qu'elle persiste! Entrave les affligés. Fouette les enragés. Joue Osiris sur ta noble scène. Tienne est la pièce, qui les tient en haleine. Tienne, la danse satirique. Lève-toi et dépouille ta muse. Cours parmi la foule et étrangle tes spectateurs, caresse ceux qui te craignent, viole ceux qui t'aiment. Oh! Reviens et persiste, persiste, persiste, persiste, car ta gloire commence seulement. Toutes les guerres, nous les ferons et nous vaincrons, va, viens et reste à vivre dans tes rêves. Refuse toutes les servitudes. Moque les fers qui t'aliènent, car ils furent l'oeuvre d'un de ces artisans oiseux. Ces fers se dissoudront plus vite que ta chair; et toi, Ô heureuse amie, tu vivras encore de nombreux moments de béatitude, d'extase, avant que ton corps ne se dissolve dans la crasse - si seulement tu reviens jouer dans cette grande comédie qui rit à chaque dénouement tragique.

---

[1] "La mort en avait défait tant" – "l'Enfer" de Dante (Chant III).

Gardens and springs, gardens and springs, gardens and springs...

We rode the basement trains all night, speeding through the subterrains, I held her chin in the cup of my hand and her eyes held tight to mine, imploring me to reveal to her the mystery of that which awaits us on the pavement above, come the day we ascend from this labyrinth of trains... "We will ride these beautiful basement trains forever," said I, "nothing awaits us; and as your beauty folds, so do my dreams. Come, my love, let us wander these tunnels of the endless city. This holy, endless city!"

Des jardins et des sources, des jardins et des sources, des jardins et des sources...

Nous prîmes les trains souterrains toute la nuit, à toute vitesse; je tenais son menton dans la coupe de ma main et ses yeux contre les miens imploraient de lui révéler le mystère de ce qui nous attend là-haut, sur le trottoir, le jour où nous reviendrons de ce labyrinthe de trains...

« Nous voyagerons avec ces beaux trains souterrains pour toujours, dis-je, rien ne nous attend; et comme ta beauté s'efface, ainsi mes rêves. Viens, mon amour, allons par ces tunnels sous la ville infinie. Cette ville sacrée et infinie! »

PLATE 3.   The beasts of Rodin

(See page 20)

PLATE 4.   Jean-François Caro

(See page 20)

PLATE 5.   Niels May

(See page 20)

PLATE 6. Aurélien Galateau

(See page 20)

PLATE 7. We can take the line four if you want...

(See page 24)

PLATE 8.   32 Rue des Fossés St. Bernard

(See page 26)

PLATE 9. Rue des Canettes where girls walk like birds in high-heels for the third time on the arms of foreign officers...

(See page 26)

PLATE 10.   At the Café de la Mairie they wore buttonholes and drank rose wine

and Anisette…

(See page 28)

Printed in the United States
97654LV00002B/196/A